AF405128

ÉLOGE

DE

LOUIS XII,

ROI DE FRANCE.

Par M. BELLE-SERRE, Avocat au Conseil-
Souverain de Rouffillon.

A AMSTERDAM;

Et se trouve A PARIS,

Chez MOUREAU, Libraire, Quai des Auguftins,
nº. 24.

1788.

ÉLOGE

DE

LOUIS XII,

ROI DE FRANCE.

Le pouvoir de faire des heureux est sans doute le plus beau privilège de l'autorité souveraine. Quel plaisir, en effet, égale celui de gagner les cœurs de toute une Nation, d'y régner bien plus par l'amour que par la crainte, & de devenir comme le père d'une famille si étendue & si nombreuse ?

A ces traits, il est facile de reconnoître Louis XII, Roi de France, auparavant Duc d'Orléans.

Appelé au trône par les droits de sa

naiſſance, ce Prince trouva contre lui un parti qui fit mouvoir tous les reſſorts pour l'en éloigner. Des ennemis, effrayés par la crainte d'une puiſſance qu'ils croyoient devoir les détruire, entraînés par une animoſité perſonnelle, qui, ſous le voile du bien public, ne cherchoit qu'à ſe ſatisfaire elle - même, aiguiſèrent tous les traits de la calomnie, pour perdre, dans l'eſprit de la Nation, celui qui devoit faire un jour ſon bonheur. Inutiles efforts, qui ne purent renverſer l'ordre de la ſucceſſion à la couronne ; vains détours de méchanceté, qui, ne pouvant aliéner les eſprits d'une Nation toujours attachée à ſes Rois, ne l'empêchèrent pas de ſe ſoumettre à une autorité déférée par la Loi, & bientôt affermie par l'amour.

Louis monte ſur le trône, mais ſes premiers pas ne ſont marqués que par la clémence & par la douceur. Les commencemens de ſon règne, ſemblables à l'aurore du plus beau jour, préſagent déja le bonheur qu'ils doivent emmener. Ennemis du Duc d'Orléans, qui venez de vous oppofer fi fort à fon élévation, que vous n'avez pû empêcher, vous ne tarderez pas à vous en repentir ! Mais ce fera la bonté de votre nouveau Maître, l'oubli de toutes les injures qu'il a reçues, qui produira en vous des fentimens que la rigueur auroit fans doute écartés. L'un eft rétabli dans les droits le plus précieux qu'il n'avoit ofé réclamer fous le règne précédent ; l'autre recouvre des biens immenfes qui étoient pour jamais aliénés de fa maifon, & que la convention la plus folemnelle avoit réunis à la couronne. Si de lâches courtifans veulent exciter le nouveau Monarque à punir fes anciens ennemis : *Ce n'eft point au Roi de France*, répond-il, *à venger les injures du Duc d'Orléans.* Réponfe fublime, digne de l'ame la plus noble & la plus élevée.

Mais Louis ne fe contentoit pas de pardonner à fes ennemis ; de leur ac-

corder même les faveurs les plus signa-
lées ; il les prévenoit, pour ainsi dire,
& alloit au-devant d'eux. Ces nuages,
qui obscurcissent l'amitié, ou l'empê-
chent de percer, souvent formés par
l'erreur ou par l'injustice du soupçon
le plus léger, étoient bientôt dissipés
par la lumière d'un entretien qui mon-
troit la vérité. C'est ainsi que René, Duc
de Lorraine, par une douce entrevue
à laquelle il est invité, se dépouille
bientôt de la fausse croyance où il étoit
que sa réconciliation avec le Roi n'étoit
pas parfaite. C'est ainsi que tous les
anciens ennemis du Duc d'Orléans de-
viennent les amis les plus intimes du
Roi de France, & que l'époque de
son autorité est l'époque d'une affection
générale.

Que les annales de l'Histoire s'ou-
vrent ici à nos yeux : qu'elles nous pré-
sentent ces héros de bonté, qui ont
fait l'admiration de tant de siècles. César,
cité pour modèle de cette vertu, té-

moigna, il eſt vraï, de la ſenſibilité ; en apprenant la mort de Caton, ſon ennemi, dont il auroit, dit-il, ſauvé la vie, s'il ne ſe fût lui-même donné la mort. La triſte fin de Pompée excita auſſi ſa douleur ; mais, comme le dit Cornélie, femme de ce dernier, dans un de nos Poëtes :

O ſoupirs ! ô reſpect ! ô qu'il eſt doux de plaindre
Le ſort d'un ennemi, quand il n'eſt plus à craindre !

Les autres ennemis, auxquels ce héros Romain accorda le pardon, dûrent pour la plupart racheter leur diſgrace par des taxes & des contributions ; & s'il voulut épargner leur ſang, il n'épargna pas leur fortune.

Louis ne connoît pas tous ces ménagemens : il pardonne & il aime ; & ſon amour eſt auſſi vif que déſintéreſſé.

Mais la bonté d'un Souverain eſt une ſource dont les canaux doivent être diſtribués également dans toutes les parties du Royaume. Aſſis ſur le trône, placé au-deſſus de toute une Nation, il doit jeter ſes regards ſur tous ſes ſujets, qui doivent avoir une part égale à ſa bien-faiſance.

Louis, dès la première année, diminua les impôts d'un dixième, bientôt d'un tiers, & vint juſqu'à les diminuer de plus de moitié. Les beſoins de toutes les provinces excitoient ſon attention & ſa ſollicitude paternelle. La Normandie & la Provence ne pouvant recueillir les fruits de la Juſtice, par la longueur énorme que les tribunaux particuliers à ces coutumes, mettoient dans leurs déciſions, Louis établit un Parlement dans chacune de ces provinces, dont les fortunes reſtoient dans une cruelle incertitude qui alloit toujours au-delà de la vie de chaque plaideur. Semblable à cet aſtre bienfaiſant dont les rayons vivifient la nature, ce Monarque ne ſe croyoit élevé au-deſſus des autres hommes, que pour pouvoir étendre plus loin ſes bien-faits, & ſon élévation étoit pour lui la règle de ſes devoirs. Les frais de la guerre ne lui firent jamais exiger de noûveaux ſubſides, auxquels il ſuppléa par ſon économie, & la crainte de fouler aux pieds ſes ſujets, l'éloigna toujours de ces dépenſes faſtueuſes, plus propres à renverſer le trône, qu'à lui donner de l'éclat. *La juſtice d'un Prince, diſoit-il, l'oblige à ne rien devoir, plutôt que ſa grandeur à beaucoup donner. J'aime mieux, diſoit-il auſſi un jour, voir les Courtiſans rire de mon avarice, que de voir mon peuple pleurer de mes dépenſes.* Ce n'eſt pas qu'il ne ſoutînt la majeſté du trône : ſa grandeur d'ame, aſſez atteſtée par les traits de ſa vie, prouve aſſez quelle étoit l'élévation de ſes ſentimens; mais par de ſages meſures, & par une dépenſe bien réglée, il ſut, avec un médiocre revenu, fournir à tout, & remplir tous ſes engagemens.

Le plus petit de ſon Royaume ne mérita pas moins ſes bontés que le plus grand ; & de même que ces fleuves qui viennent d'apporter l'abondance & les richesses dans les villes les plus florissantes, ne dédaignent pas d'arroser le plus petit champ de la campagne, ainsi Louis sut faire refluer ses faveurs sur toutes les classes de ses sujets. Il accorda une protection spéciale au laboureur, cette portion si essentielle d'un Etat. Les violences, le pillage que le soldat exerçoit à la campagne, furent arrêtés par de sages précautions. L'agriculture fut ainsi encouragée, l'aisance se répandit & à la campagne & à la ville ; la superfluité des denrées introduisit le commerce, bientôt accrédité par la bonne foi du Souverain, qui sembloit répondre de celle de ses sujets, & le Royaume se trouva dans un état d'opulence, dont on n'avoit encore vu aucun exemple. Aussi Louis étoit-il l'idole de ses sujets, comme il en étoit le bonheur : chaque famille, chaque particulier étoit l'écho des vertus de ce Prince. C'est lui, disoit-on par-tout, qui fertilife nos campagnes , qui porte l'abondance dans le fein de nos familles, qui met un frein à l'injuftice & à la violence , pour qu'elles ne troublent pas notre repos , qui nous fait couler des jours fans nuage , & dans le fein de la félicité.

Le concours , les acclamations , les témoignages de joie , qui éclatoient de toute part , lorfque Louis paroiffoit en public , n'étoient l'effet ni d'une vaine curiofité , ni d'un mouvement aveugle ; mais c'étoient des enfans qui accouroient à leur père qu'ils ne pouvoient jamais fe laffer de voir , & dont ils n'auroient jamais voulu fe féparer. Que devoit-il fe paffer dans le cœur de ce bon Prince , parmi tant de marques de tendreffe ? Ses larmes , qui étoient l'expreffion de fes fentimens , prouvent affez quel étoit le raviffement de fon ame.

Au moindre danger qui menaçoit fes jours , tout le Royaume étoit dans une telle alarme , qu'on venoit en foule de toutes les provinces, pour chercher des nouvelles que l'impatience ne permettoit pas d'attendre. On a vu, dans une maladie de ce Prince, le peuple abandonner ses travaux, passer les jours & la plus grande partie des nuits dans les églises, où les femmes, les enfans, les vieillards, les gens de tous les âges & de toutes les conditions ne cessoient d'unir leurs prières à celles des Ministres des autels, pour la conservation de leur Bienfaiteur. Les actes les plus pénibles de la religion ne coûtoient rien à des sujets si zélés, qui auroient volontiers sacrifié leur vie pour celle de leur Roi.

Princes de la terre, qui ne connoissez de votre autorité, que ce qui la fait craindre, vous craignez souvent vos sujets plus qu'ils ne vous craignent eux-mêmes ! Le soupçon, la méfiance empoisonnent vos jours, & le bonheur ne s'assied jamais sur votre trône. La flatterie peut bien vous ériger des statues que le temps va bientôt détruire ; mais fachez que ni le temps, ni l'envie ne pourront flétrir ce précieux monument que la bonté érige dans tous les cœurs.

Heureuse inclination, don le plus précieux de la nature, la bonté fut placée dans le cœur de l'homme comme la marque la plus ressemblante de la Divinité, & à laquelle on pût le mieux reconnoître la main qui l'a formé. C'est cette vertu qui est le lien le plus fort de la société; qui unit les hommes par des nœuds d'autant plus durables, qu'ils sont formés par le sentiment le plus pur & le plus doux, qui rapproche par l'amour ceux qui sont si fort éloignés par la condition, qui, faisant descendre le grand jusqu'au petit, semble vouloir ramener cette égalité que la nature avoit établie parmi les hommes, qui verse enfin le baume du bonheur dans le sein de l'infortune & de la misère. C'est contre cette vertu que la méfiance, le soupçon, la vengeance qui troublent si fort la vie humaine, viennent se briser, & c'est sur elle, comme fur un rocher, que vient s'appuyer le calme de la paix & de la tranquillité.

Heureux le mortel, & fur-tout le Prince qui poſsède cette vertu : chéri de Dieu & des hommes, il ne voit autour de lui que les marques de ſes bienfaits, qui ſont le gage de ſon bonheur.

Mais qui a jamais porté plus loin cette vertu que Louis XII ? L'Hiſtoire nous fournit aſſez d'exemples de ces héros, dont la valeur, ſemblable à un torrent, a entraîné les plus vaſtes Royaumes , & ne s'eſt arrêtée que juſqu'au bout de l'Univers. Mais, ſuivant l'idée d'un Ancien, ces hommes, vainqueurs de tant de peuples ; étoient eux-mêmes vaincus par leurs paſſions : s'ils n'ont trouvé perſonne qui leur réſiſtât, ils n'ont pu réſiſter eux-mêmes à la cruauté.

La vie de Louis nous offre le tableau des malheurs qu'il a eſſuyés, des injures qu'il a reçues avant ſon élévation. Arrivé au point où il n'a plus d'ennemis à craindre, & où il n'a que le pouvoir de les punir , son ame ne connoît que la clémence, elle ne se nourrit que de bienfaits qui semblent être son élément.

Tant de bonté n'eut rien de la foiblesse, écueil trop voisin de cette vertu, & où elle fait si souvent naufrage. Les abus le plus invétérés ne purent tenir long-temps contre une ferme résistance, qui, toujours poussée par l'amour du bien public ; acquéroit une force qui se mettoit au-dessus de tous les obstacles.

L'Université voulut résister à de sages réglemens qui détruisoient certains de ses privilèges rendus abusifs par le temps , & devenus aussi contraires à l'ordre de la société, qu'aux règles de la Justice. Louis déploie alors une sévérité qui intimide tous les esprits rebelles ; & en même temps qu'il semble vouloir détruire ce corps , pour lequel il avoit l'affection la plus particulière, il le ramène au devoir, & le fait rentrer dans une juste obéissance.

C'est ainsi que par une fermeté convenable à la dignité royale, Louis sut s'attirer autant le respect que l'estime de ses sujets. Mais sa bonté surnageoit dans le fort même de la tempête, & le calme qui venoit d'être rétabli, lui donna un libre cours trop long-temps retenu.

Le Principal d'un collège, homme d'ailleurs vertueux, mais séduit par l'esprit de corps, avoit été un des principaux auteurs des troubles de l'Université. L'exil fut la peine de sa révolte ; mais Louis ayant été instruit dans la suite des bienfaits sans nombre que cet homme avoit répandus sur le collège qui lui avoit été confié, oublia une faute que d'autres vertus lui parurent effacer. Il le rappelle à l'instant de son exil, & après lui avoir donné les éloges le plus distingués, il le rétablit dans tous ses droits, & lui rend toutes les places dont il avoit été dépouillé.

Les qualités du cœur furent jointes à celles

celles de l'esprit ; noble alliance , sans
laquelle la meilleure volonté d'un Souverain n'est souvent qu'un piège adroit que
son ignorance lui tend pour le malheur
de son peuple. Victime des fausses ap-
parences qui séduisent une bonté peu
éclairée , il ne produit que le mal, lors
même qu'il voudroit faire le plus grand
bien. Car, il faut l'avouer, les rênes d'un
Etat sont si difficiles à gouverner , ses
ressorts sont si faciles à se déranger par
le choc des mouvemens souvent contraires , que la main la plus habile peut
à peine se promettre quelque succès.

Louis, en même temps qu'il connut
toute l'élévation de sa dignité, en connut
tous les devoirs. Il comprit que sa volonté , devant régler le sort de ses sujets , ne devoit pas marcher au hasard,
mais devoit être éclairée de toutes les
connoissances qui pouvoient la garantir
de l'erreur. La lecture , la conversation
des Savans venoient remplir tout le temps
que lui laissoient les affaires publiques.

B

L'Histoire sur - tout , cette école commune du genre humain , qui , jugeant
souverainement les actions même des
Rois , leur montre avec tant de liberté
leurs devoirs, fit entrer dans l'esprit de
Louis la vérité qui s'éloigne presque
toujours de l'oreille des Princes.

Mais qui croiroit que dans un âge
avancé , & où il auroit eu besoin de
repos, il voulût se charger lui - même
de tous les soins du Ministère ? On l'a
vu , après la mort du Cardinal d'Am-
boise , son premier Ministre , traiter
lui-même avec les Ambassadeurs étrangers, donner des instructions à ses Gé-
néraux, soutenir enfin tout le poids des
affaires que l'amour de son peuple lui
rendoit si léger.

Le Royaume ne pouvoit manquer
de se ressentir du goût du Prince pour
les connoissances utiles. Les récompenses
dont il honoroit les talens , attirèrent
bientôt en France les hommes les plus
célèbres de l'Europe. Il leur donnoit

de fortes penfions , leur procuroit des
emplois honorables , & en fixa même
plufieurs dans l'Univerfité de Paris. La
Langue Grecque commença alors à être
enfeignée, les meilleurs ouvrages de l'an-
tiquité furent raffemblés , les plus pré-
cicufes bibliothèques furent achetées ,
& les Miniftres François , qui étoient
dans les Cours étrangères , étoient char-
gés de ne laiffer rien échapper de ce
qui fe préfenteroit de rare & de précieux.

Si les lettres , dont la lumière a été
fi long-temps cachée pour une Nation
aujourd'hui la plus éclairée , ont mé-
rité à François I le glorieux titre de
leur reftaurateur , n'eft-ce pas Louis
qui a préparé toutes les voies obftruées
par le limon de la barbarie , & qui
a été le premier à diffiper les ténè-
bres d'ignorance , qui obfcurciffoient
le Royaume ?

La Juftice, cette colonne des Etats,
cette Reine de l'ordre & de l'égalité,

dont la balance ne penche que par le poids de la raiſon, mérita bientôt l'attention d'un Prince ſi éclairé. Nouveau Lycurgue, il établit les loix le plus ſages, qui, introduiſant un nouvel ordre de choſes, furent la ſource d'une heureuſe révolution dans la Monarchie.

Il corrigea d'abord un abus conſidérable, qui, par la nomination des étrangers aux bénéfices eccléſiaſtiques, faiſoit paſſer l'argent hors du Royaume.

Mais rien n'égale les ſoins qu'il ſe donna pour régler les tribunaux, pour n'introduire, dans le ſanctuaire des loix, que des hommes choiſis, dont les mœurs & la capacité excitaſſent autant le reſpect pour leur perſonne, que la confiance dans leurs jugemens.

En même temps qu'il voulut conſerver aux Parlemens le droit de ſe choiſir eux-mêmes les Magiſtrats qui devoient remplacer ceux que la mort venoit de leur enlever, il prit les précautions le plus ſages, les meſures le

plus infaillibles, pour que ce choix ne
pût tomber que fur le mérite. Le fujet
qu'il nommoit fur les trois qui lui
étoient préfentés, répondoit ainfi par-
faitement aux intentions du Monarque,
qui ne vouloit élever fur le fiège de la
Juftice, que la vertu & la capacité les
plus reconnues.

Dans le cas de démiffion où le titu-
laire préfentoit lui-même un fujet, Louis,
craignant la féduction qui malheureufe-
ment n'environne que trop les diftri-
buteurs des graces, déclare que celui
qu'il aura nommé, ne pourra être reçu,
qu'après que fa vie, fes mœurs & fa
capacité auront été rigoureufement éxa-
minées. Bien différent de ces Princes
qui ne donnent d'autre raifon de leur
volonté, que leur volonté même, il
n'attache aucun effet même à fa recom-
mandation, fi par hafard, & contre
fon intention, le vice ou l'incapacité
l'avoit obtenue à la place du mérite.

L'argent fur-tout, qu'on appelle aujourd'hui le nerf des affaires, la clef de toutes les portes, n'ouvrit jamais l'entrée du fanctuaire de la Juftice, qui fut également fermé aux prières & à la follicitation. Auffi dans cet heureux temps, fous ce règne de bonté & de juftice, on ne vit élever à la Magiftrature, que des hommes dont les lumières & l'intégrité avoient déja attiré tous les regards, & gagné tous les fuffrages. Les Avocats les plus célèbres, qui, après avoir rempli avec le plus de diftinction une carrière fi pénible & fi glorieufe, avoient acquis, par une longue fuite d'études & de travaux, la jufte confiance du public, étoient ceux qui étoient eftimés les plus propres à en être les Juges.

Mais dans l'ordre de la fociété, comme dans l'ordre de la nature, chaque corps a fes maladies particulières, toujours prêtes à l'affiéger, & à en altérer la conftitution, même la plus vigoureufe. Louis fut prévenir les vices qui pouvoient

attaquer le corps qu'il venoit de for-
mer ; & après lui avoir donné une nouvelle exiſtence, il ne s'occupa pas moins
de ſa conſervation. Outre pluſieurs ſages
précautions qui furent employées pour
arrêter le poiſon de la ſéduction, toujours prêt à s'inſinuer dans le ſein de
la Juſtice, il établit une eſpèce de Con-
ſeil particulier, compoſé des Préſidens
& de quelques Conſeillers, l'élite du
Parlement, pour veiller au maintien de
la règle & de la diſcipline. C'eſt à ce
tribunal ſecret, qui devoit ſe tenir une
ou deux fois tous les mois, que les
mœurs des Magiſtrats venoient ſubir
un examen, qui, par une douce ſévérité,
ſavoit les conſerver dans toute leur pu-
reté. Là ſe réveilloit l'amour pour le
travail, l'horreur pour le vice, & l'ému-
lation pour la vertu. Si quelque Ma-
giſtrat, infidèle à ſes premiers engagemens, laiſſoit par haſard ralentir le
zèle qu'il avoit voué à la Juſtice, il trou-
voit bientôt un aiguillon, qui, par un

avertissement salutaire , le rappeloit à son devoir. L'exécution de ces sages réglemens étoit assurée par le compte que les Présidens devoient rendre au Roi, qui même se rendoit assez souvent au Palais, prenoit place parmi les Juges, écoutoit les plaidoyers , & assistoit à toutes les délibérations.

Le siège de la Justice étant ainsi rétabli , il le fallut rendre accessible par les voies les plus courtes & les plus applanies : il fallut porter le flambeau dans ces cavernes obscures, où la chicane & la mauvaise foi savent si bien se cacher pour insulter la bonne foi , & pour la dépouiller. Louis remplit tous ces objets; il déconcerta la funeste industrie de ces hommes avides , vrais fléaux de la société, qui , abusant de la confiance que leur ministère leur attire de la part de leurs cliens , ne la font servir qu'à perpétuer des procès qui perpétuent la discorde dans les familles, en même temps qu'ils entraînent leur ruine. Il sévit contre eux, en leur interdifant les fonctions de leur miniftère, & ne conferva que ceux qui fe diftinguoient par leur droiture & par leur probité.

Ces plaideurs à reffources, dont les détours fuppléent au bon droit, toujours sûrs de vaincre un ennemi qu'ils épuifent par les longueurs & par la laffitude, trouvèrent bientôt un frein qui réprima leur méchanceté. La faculté de produire un nombre illimité de témoins fur chaque fait, fut réduite au nombre de dix, & il ne fut plus permis d'excéder ces bornes. Cette loi, qui eft encore aujourd'hui en vigueur, & que la fageffe des fucceffeurs de Louis a cru devoir adopter, détruifit un moyen auffi facile qu'injufte, de traîner les procès à l'infini.

Les tribunaux inférieurs, jufques-là avilis, fecouèrent bientôt le joug de l'efclavage, fous lequel les Baillis les avoient fait fi long-temps gémir. Ces Juges fans caractère, ou, pour mieux

dire, ces fantômes de la Justice dispa-
rurent bientôt, pour faire place à des
hommes intègres & éclairés, qui, jouis-
sant de toute la consistance convenable
à leur état, se formèrent bientôt à toutes
les vertus dont les Cours supérieures
leur donnoient déja l'exemple. Heureux
changement, révolution mémorable dans
la Monarchie. C'est des sages règlemens
de Louis, comme d'une source déli-
cieuse & féconde, que la Justice a reçu
un accroissement, qui, devenu par degrés
plus sensible, lui a donné cette force
& cette vigueur qui l'ont si souvent dis-
tinguée.

Mais un dernier trait va finir le tableau d'une vertu, qui se peint si bien
elle-même dans la vie de Louis. Faisant
plier sa volonté à celle des loix, il s'in-
terdit lui-même le pouvoir de les violer,
en ordonnant leur exécution, malgré les
ordonnances contraires que l'importunité
pourroit lui arracher. L'empire des loix
lui paroît plus fort que tous les Empires

de la terre , & il se fait un honneur d'en devenir le premier sujet. Aussi ne vit-on pas, sous un règne si heureux, l'innocence gémir sous le poids de l'autorité , & le vice triompher de la vertu. L'œil du Prince, toujours éclairé par la lumière de la raison, qui est la source des loix, n'avoit point à craindre l'aveuglement de la volonté arbitraire toujours voisine de l'erreur , toujours guidée ou par la passion qui la séduit , ou par la flatterie qui la corrompt , portant des coups d'autant plus funestes , qu'elle immole plus de victimes.

Par quelle fatalité le goût des conquêtes devoit-il venir séduire l'esprit de Louis , & pourquoi Naples lui présentoit-il des droits que les armes seules étoient dans le cas de faire valoir ? Affreux souvenir ! journées désastreuses ! que ne pouvez-vous vous effacer de nos esprits ! Louis fut la victime de la fourberie & de la trahison , armes souvent employées dans l'art funeste de la guerre.

Ferdinand le Catholique, appelé avec raison en France & à Londres, le perfide, se joua des traités le plus solemnels, & trompa, sous l'apparence de l'amitié, celui dont la bonté excluoit la méfiance.

Ce n'est pas que Louis ne possédât les vertus militaires, & qu'il ne portât dans son ame le courage d'un guerrier. Gênes, alors sous la domination Françoise, osa se révolter. Louis marche en personne pour châtier les rebelles ; ses armes portent par-tout l'effroi & la désolation ; il se rend maître de tous les dehors de la place, le port est bloqué, la ville est bombardée ; on n'entend par-tout que les cris des mourans, & Gênes la superbe n'est plus qu'un tableau d'horreur & de désespoir. Le Roi entre l'épée à la main, ses regards inspirent l'effroi, son escorte intimide tous les esprits. Trente Sénateurs, la tête rasée, & en longs habits de deuil, viennent se jeter à ses pieds, & implorent la clémence du vainqueur. Louis devoit à sa Majesté offensée quelques exemples de rigueur ; mais sa bonté ne put demeurer long-temps suspendue : il finit par rendre aux Génois leurs coutumes & leurs Magistrats qu'il venoit de leur ôter , & se fit ainsi adorer en pardonnant.

La fierté de Venise, qui blessa toutes les Puissances de l'Europe , trouva dans Louis le seul ennemi capable de l'abattre & de la réduire au devoir. Dédaignant les forces que les autres Confédérés avoient promises, & qu'ils n'envoyèrent jamais, Louis marcha avec ses seules troupes vers l'ennemi qu'il eut moins de peine à vaincre qu'à engager au combat. Il traverse la rivière d'Adda, il attaque la place de Rivolta ; mais la crainte retenant encore l'ennemi dans ses retranchemens, il ne fallut pas moins pour l'en tirer, que lui faire craindre le défaut de vivres, dont on alloit lui empêcher toute communication. Le combat s'engage enfin près le village d'Agnadel. Louis, l'épée à la main, se porte de tous côtés, & donne ses ordres qu'il est le premier à exécuter. La gendarmerie Vénitienne est bientôt renversée, le Général est fait prisonnier, huit mille Vénitiens restent sur le champ de bataille. On a beau représenter à Louis qu'il expose trop une vie si chère à la Nation: *Ce n'est rien*, répond-il; *ceux qui ont peur n'ont qu'à se mettre à couvert derrière moi.* Le canon, qui enlève les soldats à ses côtés, semble le respecter, & paroît craindre un héros si hardi à le braver.

La Religion finit d'illustrer une victoire déja assez anoblie par le courage. Louis, en présence de toute l'armée, se prosterne sur le champ de bataille, rend graces au Tout-Puissant du succès de ses armes, & fait vœu d'honorer le lieu de son triomphe par un monument digne de sa piété.

Caravagio, Bergame, Bresse & Crémone lui envoient les clefs. La place de Peschière, qui, fière de sa situation heureuse & de sa triple muraille, voulut faire quelque résistance, fut bientôt forcée de se rendre & de se soumettre à la loi du vainqueur. Dix-sept jours suffirent pour conquérir ce vaste terrein que Louis avoit à revendiquer sur Venise, & qui faisoit le tiers du Duché de Milan.

L'ambition, cette mère de la gloire & plus souvent du crime, qui sacrifie tantôt à l'honneur & tantôt au vil intérêt, ne fit jamais oublier à Louis ce qu'il devoit à la bonne foi & à la délicatesse des sentimens. C'est en vain que Vérone, Vicence & Padoue lui envoient leurs clefs, & veulent se soumettre à sa domination. Ces villes devoient, suivant le traité fait entre les Confédérés, appartenir à l'Empereur. C'en fut assez pour que Louis n'en voulut recevoir les clefs que pour les lui envoyer, & pour exhorter même les Députés aux sentimens de la plus parfaite soumission envers leur nouveau Maître. Ce n'est pas qu'il manquât de prétextes le mieux fondés, pour retenir ces villes qui sembloient être le prix de sa victoire. L'Empereur n'avoit satisfait à aucun de ses engagemens, il n'avoit envoyé aucun secours, il n'avoit en aucune façon contribué à la guerre : pouvoit-il se plaindre d'être privé de ce qu'il avoit si peu contribué à acquérir, & pouvoit-il exiger quelque récompense de sa mauvaise foi ?

Mais autant Louis étoit fidèle aux règles de l'honneur, autant les autres Princes avec qui il eut à traiter se firent une loi de s'en écarter : car à quoi aboutit cette confédération connue sous le nom de Ligue de Cambrai, suivant laquelle chaque Souverain devoit envoyer des forces pour détruire un ennemi commun ? Louis soutint seul tout le poids d'une guerre dont l'avantage n'étoit pas moins pour les autres. C'est en effet

après

après qu'il eut remporté la victoire, que l'ennemi se trouvant affoibli, chaque Souverain recouvra sans peine ce qui devoit lui revenir. Louis fut donc aussi bon dans la guerre que dans la paix. Toujours juste, toujours généreux, il ne fut jamais ce que c'étoit que de se prévaloir d'une occasion, pour s'avantager aux dépens de la bonne foi.

Pourquoi tant de bonté devoit-elle être payée de la plus noire ingratitude? Le Pape, qui n'eut pas moins de part que les autres Souverains aux avantages de la Ligue, suscite bientôt des ennemis à Louis; lui diminue les forces en détachant les Suisses de son alliance, gagne le Roi d'Espagne par l'appas du vil intérêt, toujours puissant sur l'esprit de ce Prince, fait la guerre au Duc de Ferrare, allié de la France, emploie enfin toute sorte de négociations & d'hostilités. De-là cette guerre où l'on vit le Chef de l'Eglise assiéger lui-même la Mirandole, visiter les tranchées, s'exposer au feu du canon , entrer par la brèche dans la place , traiter avec toutes les Puiſſances , & donner le mouvement à toute l'Europe. Guerre funeſte où le courage François ne fut ſuivi que de malheur. La bataille de Ravenne coûta la vie à Gaſton de Foix, Duc de Nemours, jeune Prince auſſi ſage que vaillant, cher à ſon Maître , cher à toute la Nation dont il emporta les regrets & les larmes : *Je voudrois*, dit Loüis, à la nouvelle de cette mort, *n'avoir plus un pouce de terre en Italie , & pouvoir à ce prix faire revivre mon neveu Gaſton de Foix, & tous les braves hommes qui ont péri avec lui. Dieu nous garde de remporter jamais de telles victoires.* Tel eſt le ſort des armes , que le ſang le plus pur d'un Etat eſt ſouvent le prix d'un foible & cruel avantage. Victoire trop funeſte pour la France que tu venois d'affoiblir , de combien de revers ne fus-tu pas ſuivie !

Mais qu'eſt-il beſoin de rappeler toutes

ces guerres malheureuses , vrais fléaux
du Royaume en proie à tant d'ennemis
qui sembloient conjurer sa perte , & où
la force dut l'emporter sur le courage
que la fortune sembloit démentir ? Brave
Chevalier , surnommé sans peur & sans
reproche , Bayard en un mot , qui fus
toujours supérieur à la crainte & aux
périls , à quoi servirent tant de prodi-
ges de valeur , qui te rendirent l'admiration même de l'ennemi ?

La mort , pour comble de tous les
maux , dut enlever Louis , dans le mo-
ment que son alliance avec l'Angleterre ,
& sa réconciliation avec le Pape le mettoient en état de réparer ses malheurs.
Princes de la terre , quelle instruction
qu'une telle mort ! Voyez s'il fut jamais
un tribut plus digne de votre envie ,
que ces larmes d'attendrissement qui cou-
loient de tous les yeux , que ces cris de
douleur qui se firent entendre de toute
part à la nouvelle d'un tel événement ?
Le Père du peuple n'est plus ; celui qui

faisoit régner la justice, qui protégeoit l'innocence, qui répandoit par-tout les bienfaits, qui paroissoit une autre Divinité sur la terre, devoit-il subir le sort de tous les autres hommes? C'étoit-là l'expression de tous les cœurs, le cri général de la Nation.

Mais est-ce mourir, que de vivre éternellement dans l'esprit & dans le cœur de tous les hommes? La mort de Louis n'a été qu'une nouvelle vie, qui, abandonnant à la nécessité du destin la plus misérable portion de la nature humaine, a consacré à une immortalité glorieuse l'éclat de la vertu la plus parfaite & la plus héroïque. La Renommée ne se lassera point de le porter sur ses ailes, jusques dans les contrées & dans les temps les plus éloignés, & le nom de Louis XII sera toujours un nom cher à toute ame sensible. La nature le forma pour effacer par sa bonté tous les Princes qui l'avoient précédé, & pour servir de modèle à tous ceux qui viendroient après lui. Auffi reçut-il de la Nation le plus beau titre, le nom le plus flatteur pour un Roi, celui de Père du peuple. Nous nous empreffons encore aujourd'hui de lui payer ce tribut de reconnoiffance que nos ancêtres nous ont impofé, & ce doux nom excitera parmi nos defcendans les plus reculés, les fentimens de l'amour le plus parfait & le plus tendre.

Si les guerres de Louis ne furent pas toujours heureufes, il faut l'en plaindre plutôt que l'en blâmer. Avec une bonté fi peu commune, il ne poffédoit pas moins les vertus militaires, & fon ame étoit capable des plus grands exploits. Mais, ne le déguifons point, l'art funefte de la guerre tient à tant de circonftances, dépend de tant d'événemens que la prudence humaine ne peut ni prévoir ni empêcher, la fortune s'y joue en tant d'occafions, & des efforts de la valeur, & de la fageffe des confeils, la victoire elle-même eft fouvent fi nuifible, foit

à l'ennemi qu'elle détruit, soit au vainqueur dont elle épuise les forces, qu'il
suffira de dire, pour la gloire de Louis,
qu'il posséda les véritables vertus des
Rois, celles qui font le bonheur des
peuples. Quel Prince en effet, pour finir
ici par un trait du plus sublime de nos
Orateurs, fut jamais mieux que lui,
» goûter ces vertus paisibles & cette
» gloire tranquille qu'on n'a point à par-
» tager avec le soldat, non plus qu'avec
» la fortune, où tout charme, & rien
» n'éblouit, qu'on regarde sans être
» étourdi ni par le son des trompettes,
» ni par le bruit des canons, ni par les
» cris des blessés, où l'homme paroît
» tout seul aussi grand, aussi respecté,
» que lorsqu'il donne des ordres & que
» tout marche à sa parole

F I N.